COLLECTION

de feu

M. Eugène LYON

DE BRUXELLES

PARIS, 1903

COLLECTION

DE FEU

M. EUGÈNE LYON

DE BRUXELLES

IMPRIMERIE GEORGES PETIT
12, RUE GODOT-DE-MAUROI, 12

CATALOGUE

PAR

BOUDIN, CLAYS, CONSTABLE, COROT, DAUBIGNY
DELACROIX, DIAZ, J. DUPRÉ
FANTIN-LATOUR, FROMENTIN, GÉRICAULT, GÉRÔME, GOYA
GUIGNET, ISABEY, MADOU, H. REGNAULT
ROYBET, RUBENS, ALF. STEVENS, J. STEVENS, TENIERS
TROYON, VERWÉE, VIBERT, WILLEMS, ZIEM

Composant la Collection de feu

ET DONT LA VENTE AURA LIEU A PARIS

GALERIE GEORGES PETIT

8, RUE DE SÈZE, 8

Le Jeudi 7 Mai 1903, à 3 heures

COMMISSAIRE-PRISEUR

10, rue Grange-Batelière, 10

EXPERTS

33, avenue de l'Opéra, 33	54, Faubourg-Montmartre, 54

EXPOSITIONS

PARTICULIÈRE : Le Mardi 5 Mai 1903, de 1 heure à 6 heures
PUBLIQUE : Le Mercredi 6 Mai 1903, de 1 heure à 6 heures

CONDITIONS DE LA VENTE

Elle sera faite au comptant.

Les acquéreurs payeront *dix pour cent* en sus des prix d'adjudication.

PRÉFACE

« On appelle collection, me disait un jour un très fin connaisseur, un ensemble d'œuvres, assez complet pour qu'on y puisse trouver toutes les notes qui constituent le clavier d'un esthète, assez restreint pour que ni l'esprit, ni le regard, n'en puissent oublier un morceau : défiez-vous des gens qui, des fiches à la main, sont affligés de la manie du dénombrement, mais tenez pour délicats les amateurs avisés, qui chez eux sont hospitaliers à l'art, sans encombrement. »

Ce paradoxe — si paradoxe il y a — me revenait l'autre jour à la mémoire, tandis que j'examinais les trente et un cadres de la collection formée par un regretté amateur belge, M. Lyon, de Bruxelles. Pas une œuvre qui puisse laisser le spectateur indifférent, et des groupements assez caractéristiques pour que la sensation soit une, pour qu'elle ne s'égare pas, pour qu'elle prenne son essor, sans inquiétude, sans trouble, sans rien qui en diminue le charme raisonné, la volupté consciente. C'est d'abord, formant l'appoint le plus considérable de la collection, une belle réunion d'œuvres des maîtres de notre glorieuse école de 1830; je dis, « belle réunion », d'abord parce que les œuvres sont de tout premier ordre, ensuite parce qu'elles représentent les notes les plus attachantes de l'inspiration romantique à la source de laquelle elles furent puisées.

C'est Corot, avec le *Paysan à cheval dans la campagne*, qui fut l'un des numéros les plus chaudement disputés de la vente Alexandre Dumas fils : c'est Daubigny, avec une ample toile, d'un effet impressionnant, un coucher de soleil enveloppant les bords de la Tamise d'une mystérieuse ambiance de lumière, tandis que, sur les quais, la vie s'agite, tandis que, dans l'eau, les bateaux mirent leurs grandes voiles brunes ; c'est Delacroix, avec son beau tableau du Salon de 1859, *les Bords du fleuve Sebou*, d'un pittoresque si puissant, d'un si bel éclat de couleur, d'un intérêt de composition et d'expression si rare. C'est Diaz, avec un portrait de femme qui évoque la poésie de Byron et la musique de Schumann, et *la Nymphe et l'Amour* que seuls pourraient décrire les ciseleurs de bouquets rimés d'un autre siècle, Grécourt et Chaulieu : c'est J. Dupré, en cette petite page superbement émaillée, *le Ruisseau*, dont le génie du peintre a fait une grande œuvre ; c'est Fromentin, avec *la Halte dans le désert*, une de ces impressions d'Orient qu'il a si finement interprétées, le pinceau ou la plume à la main, et la *Rencontre de cavaliers arabes*, une tragédie, dont il dit la rudesse avec une fougue vraiment superbe ; c'est Isabey, avec *les Prison-*

niers, un chapitre dramatique de l'âge féodal, un merveilleux tableau de coloriste en pleine expansion de maitrise ; c'est Troyon, avec *le Bœuf blanc*, marchant dans la lumière, un chef-d'œuvre, admiré jadis dans la collection Coquelin.

D'ailleurs, ces tableaux ne sont nullement des inconnus pour les amateurs : la plupart d'entre eux, après avoir séjourné dans des collections célèbres, ont figuré avec honneur à l'Exposition centennale de l'Art français en 1889 : telle cette admirable *Charge d'artillerie*, de Géricault, qui suffirait, elle seule, à glorifier le génie d'un peintre. Un temps on ne considéra guère Géricault que comme le lutteur énergique, qui renversa les remparts de l'école classique. Mais plus on considère son œuvre, plus on se pénètre de cette idée que ce *romantique sans le savoir* est un des plus grands artistes du XIXe siècle. Dans l'ample composition de la collection Lyon, Géricault apparait tout entier, avec ses plus rares qualités. « Ce qui étonne encore chez le peintre rouennais, écrivait, il y a quelque quarante ans, Ernest Chesneau, qui fit de Géricault une étude spéciale, c'est son habileté à exprimer la nature avec exactitude et vérité, et à donner cependant à ses interprétations quelque chose d'au-delà et d'au-dessus que n'a pas la nature. Cela n'a pourtant rien qui doive nous étonner, maintenant que nous avons pénétré les facultés psychologiques de Géricault et parcouru le cercle de ses travaux. Sa science profonde lui permettait de s'abandonner à son exaltation native et d'arriver à traduire les objets extérieurs ou ses propres pensées par intuition, en n'obéissant plus qu'à sa fantaisie. »

Mais quand elle s'exprime ainsi qu'on le voit dans la *Charge d'artillerie*, la fantaisie s'appelle le génie.

Puis je note quelques modernes, qui marquent presque toutes les directions par où évolua l'école de 1830. Boudin, qui demeure à la frontière de l'école et de l'impressionniste, et dont M. Lyon avait choisi une œuvre délicate d'harmonie, *le Chenal de Trouville* ; Fantin-Latour, si original par la conception et l'exécution, et dont la filiation est si nettement directe avec les grands charmeurs du XVIIIe siècle : on en a la preuve par cette œuvre exquise, *la Mer*, qui fut l'une des perles de l'exposition des Arts décoratifs de 1882 ; Gérôme, le maître savant qui interprète à sa façon, dans un style raffiné, le texte des Écritures où il est dit que David repaissait ses regards de la beauté nue de Bethsabée ; Roybet qui, dans son *Gentilhomme blanc*, se joue en virtuose des difficultés chromatiques : Ziem enfin, Ziem, le vieux maître vaillant, le vénitien grisé de lumières, qui signe, dans son tableau, *le Retour des pêcheurs sur le Grand Canal*, une de ces pages truculentes, qui, dans un siècle, seront disputées comme le sont aujourd'hui les chefs-d'œuvre de Guardi et de Canaletto.

M. Lyon avait fait une place restreinte à l'école belge du XIXe siècle, mais il n'avait admis dans sa collection que des morceaux hors de pair : ainsi, *les Politiques* de Madou, un maître qui descend en droite ligne des grands Flamands du XVIe siècle, et qui mérite d'être salué au premier rang — ceci dit pour les amateurs qui, il y a quelque quinze ans, tirent un silence aussi injuste que dédaigneux sur les merveilles nées de son pinceau ; ainsi, la *Discussion orageuse*, où Joseph Stevens égale Decamps ; ainsi *la Pavane*, de Willems ; ainsi encore le *Lever de lune sur la mer*, de l'admirable mariniste que fut Clays, et *Mélancolie*, une figure significative d'Alfred Stevens, le plus éloquent féministe des peintres de la seconde moitié du XIXe siècle.

Citerai-je encore, parmi les œuvres qui enrichissent la collection Lyon, *la Présentation du nouveau-né*, de Goya, une de ces larges esquisses, qui lui étaient un prétexte à traduire en une pâte généreuse l'âme espagnole dans le cadre magique de quelque cathédrale : *le Baptême de Constantin*, de Rubens, autre esquisse également magistrale, d'après laquelle les élèves du maître exécutèrent le carton destiné à la manufacture des Gobelins ; le clair et fin paysage de Constable, que M. Lyon avait choisi, sans doute pour mieux étudier, à côté des chefs-d'œuvre par lui réunis, l'influence exercée par le célèbre peintre anglais sur l'évolution de l'école française de 1830 ; et d'autres morceaux excellents de Téniers, Courbet, Henri Regnault, etc. On en trouvera plus loin la description. Et puis, la collection Lyon n'est pas de celles qui se dispersent sans éveiller la curiosité et le désir de possession des amateurs. On la viendra voir avant l'heure fatale, mais nécessaire, des enchères, et l'on donnera un souvenir ému à l'homme de goût qui en avait patiemment organisé la symphonie.

L. Roger-Milès.

TABLEAUX

BOUDIN

1 — *Le Chenal de Trouville.*

L'eau est basse. A droite et à gauche, et au fond, les sloops de pêche sont encore sur le flanc. Les jetées aux charpentes noires se dessinent sur les bancs de sable vieil or. Au fond, la mer, à la surface de laquelle se balancent quelques voiles sous un ciel où s'envolent d'aériens nuages blancs et gris.

Signé à gauche, en bas : *E. Boudin, 92*.

Panneau. Haut., 41 cent.; larg., 33 cent.

CLAYS

(P.-J.)

2 — *Lever de lune sur la mer.*

Des flots agités. Des sloops de pêche, aux larges voiles, dans les mâts desquels sont allumés des feux. Une barque que mènent deux rameurs. Puis, dans le ciel aux nuages tragiques, la lune, versant sur les vagues ourlées d'écume ses beaux reflets argentés.

Signé à droite, en bas : *P. J. Clays.*

Panneau. Haut., 60 cent. ; larg., 45 cent.

Sanderson.

Constable [illegible]

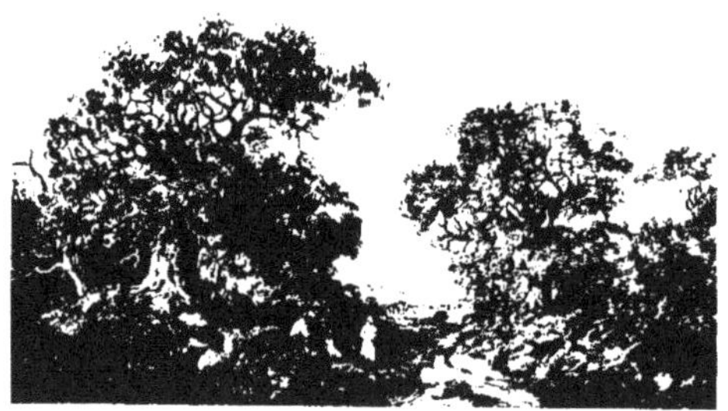

[illegible]

[illegible]

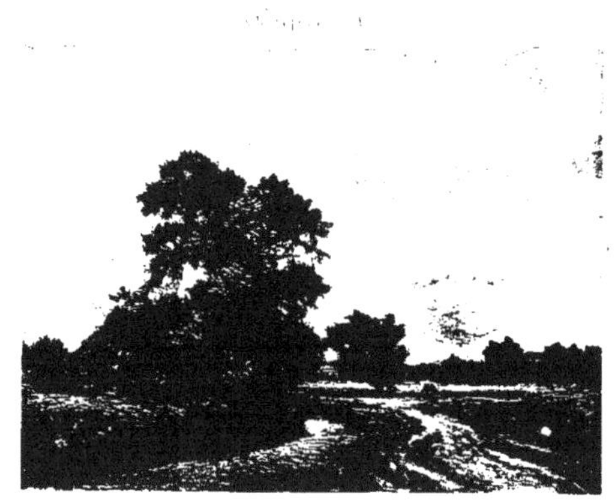

[illegible]

CONSTABLE

(J.)

1776-1837

3 — *The Road to Dedham.*

Le chemin serpente, bordé à droite et à gauche de beaux arbres aux feuillages touffus, qui dominent les plis accidentés du terrain. Au milieu, un homme en gilet rouge est assis, tandis que devant lui une femme en corsage bleu semble s'éloigner. Entre les deux figures, un chien, sur son arrière-train, contemple son maître. Dans le ciel d'azur clair, s'envolent de légers nuages blancs.

Au dos, on lit, sous le titre du tableau et le nom du peintre : « From captain Constable's and subsequently from his son Eustache Constable's collection. »

Panneau. Haut., 26 cent.; larg., 36 cent.

COROT

4 — *Paysan à cheval dans la campagne.*

A gauche, sur un pli de terrain, un massif de grands arbres qui dressent leurs branches au feuillage printanier sous le ciel tout illuminé. A droite, sur le sentier, un homme s'éloigne au pas calme de son cheval blanc. Du même côté, une femme et une fillette s'occupent à glaner. Au fond, les constructions du village aux toitures de tuiles rouges, qui dominent un lac entouré de collines. Dans les premiers plans, parmi les herbes folles, des fleurettes piquées çà et là comme des gouttes d'émail et de lumière.

Signé à gauche, en bas : *Corot.*

Toile. Haut., 56 cent.; larg., 75 cent.

Vente Dumas.

Corot

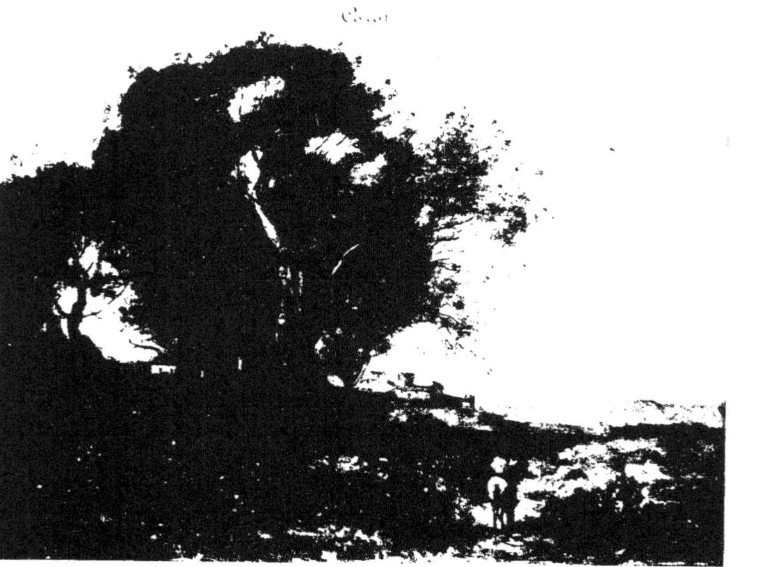

COURBET

(G.)

5 — *L'Hiver*.

Le sol couvert de neige ; des arbres dressant leurs branches torturées où se suspendent encore quelques feuilles aux rousseurs de cuivre. Au milieu, devinant le sentier disparu sous la neige, un âne s'en vient, son bât surchargé d'un fagot. Derrière lui marche une paysanne. Au fond, sous le ciel obscurci, on aperçoit des constructions de bois couvertes de tuiles grises.

Signé à droite, en bas : *G. Courbet.*

Toile. Haut., 50 cent.; larg., 76 cent.

DAUBIGNY

6 — *Les Bords de la Tamise, soleil couchant.*

A droite, les quais, où des chevaux et des gens sont arrêtés. Au milieu et à gauche, sur l'eau aux vagues brèves, des bateaux de pêche aux voiles brunes que gonfle le vent. Dans le ciel, le soleil qui décline sur l'horizon, mettant parmi les nuages de glorieuses et tragiques lueurs.

Signé à droite, en bas : *Daubigny, 1873.*

Toile. Haut., 83 cent.; larg., 1 m. 30.

Exposition Centennale de l'Art français (1889).
Collection Van den Eynde.

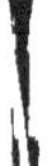

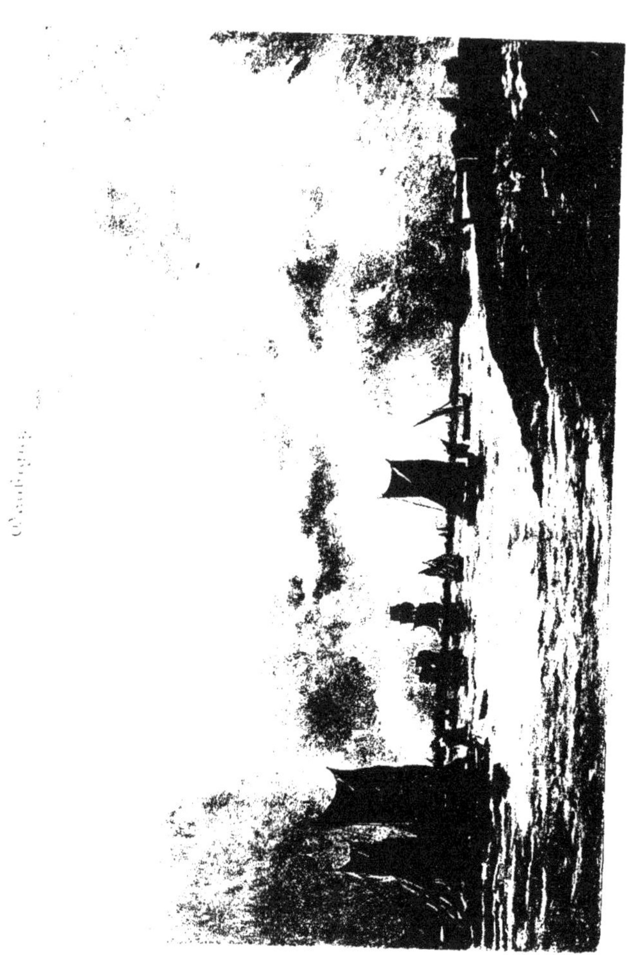

DAUBIGNY

7 — *Marée montante.*

A droite, les pêcheurs se portent vers un sloop dont l'eau qui monte commence à baigner la coque. A gauche, un bateau de pêche s'éloigne, la voile poussée par le vent. Ciel gris, marqué à droite d'azur transparent.

Signé à droite, en bas, du timbre de la vente.

Panneau. Haut., 21 cent. ; larg., [illegible] cent.

DELACROIX

(EUGÈNE)

8 — *Les Bords du fleuve Sebou.*

Au tournant du fleuve. La rive monte, escarpée, marquée de place en place par des bouquets d'arbres, au-dessus desquels, à l'horizon, on aperçoit les montagnes, puis le ciel d'azur, où courent de grandes stries de lumière.

Sur le bord de l'eau, des personnages se baignent. L'un, les jambes nues, a la tête et le torse protégés par un costume rouge. A gauche, un cavalier passe, vu de profil à droite : il monte un cheval bai et il est vêtu de bleu sous un burnous rouge. Du même côté, mais au troisième plan, un homme va baigner son cheval gris pommelé. Plusieurs personnages apparaissent sur le chemin qui conduit à la ville, dont on aperçoit au fond les maisons et les dômes blancs.

Signé à droite, en bas : *Eugène Delacroix, 1859.*

Toile. Haut., 50 cent. 1/2 ; larg., 60 cent. 1/2.

Salon de 1859.

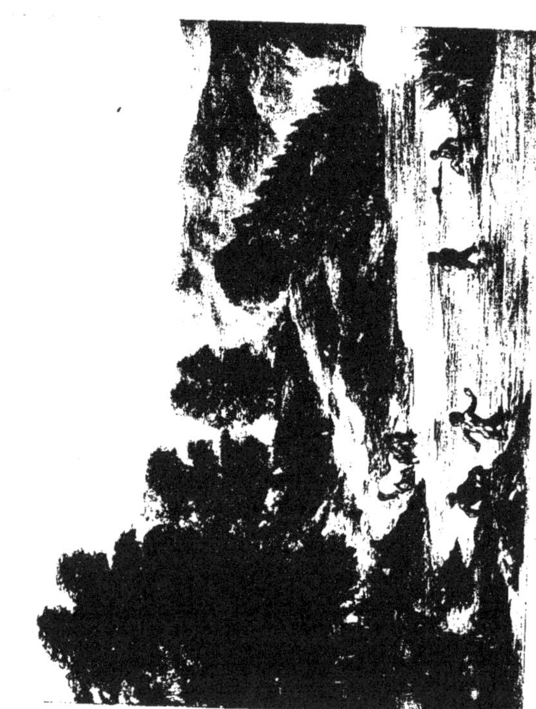

DIAZ

9 — *Portrait de femme.*

Blonde, les cheveux dénoués tombant sur les épaules et coiffée d'un petit bonnet de velours au sommet de la tête, elle est vue de trois quarts à droite. Elle est vêtue d'une robe de velours noir décolletée en carré ; le milieu du corsage s'agrémente d'un nœud de pierreries.

Les yeux sont grands, les lèvres entr'ouvertes et demi-souriantes, le menton fin et marqué d'une fossette. l'ovale du visage d'une ligne calme et harmonieuse. La tête se détache sur un fond bleu turquoise.

Signé à droite, en bas : *N. Diaz.*

Toile. Haut., 56 cent.; larg., 45 cent.

DIAZ

10 — *La Nymphe et l'Amour.*

Au fond du bois sacré, au-devant de colonnes en ruines, la jeune nymphe, aux chaires roses apparues sous la transparence des voiles blancs, se tient debout près d'un rocher. Elle ferme les yeux coquettement, tandis que, debout derrière elle, l'Amour lui parle tout près de l'oreille. Une draperie rose passe derrière elle et tourne sur la cuisse gauche.

Signé à droite, en bas : *N. Diaz, 57.*

Panneau. Haut., 44 cent.; larg., 22 cent.

Diaz

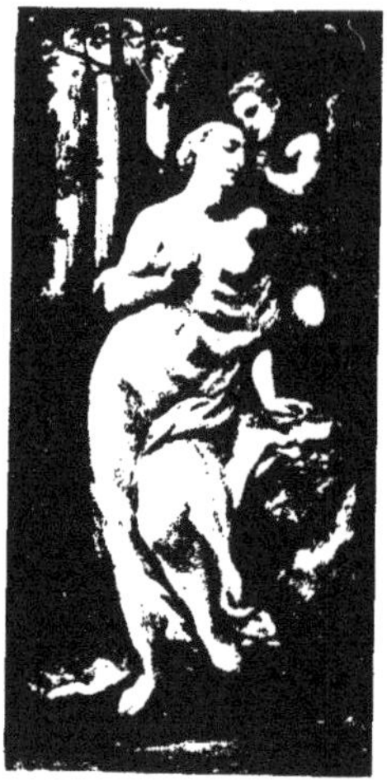

La Nymphe et l'Amour

Fantin Latour

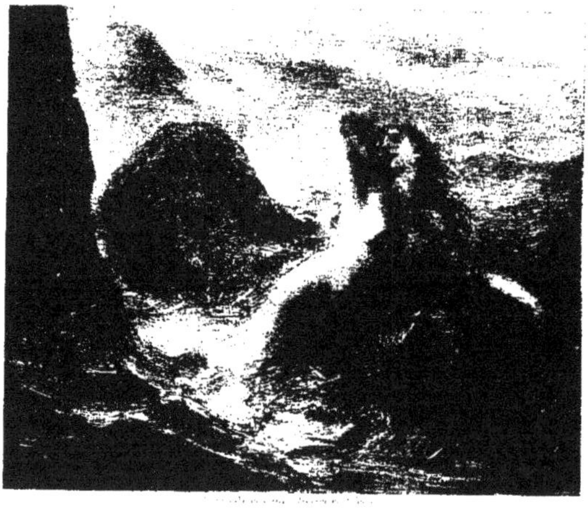

[illegible]

DUPRÉ

(J.)

11 — *Le Ruisseau.*

La plaine. A droite, sur un chemin qui serpente, une paysanne en robe rouge s'éloigne. A gauche, entre des rives parées de verdure, un ruisseau coule, recevant du ciel d'azur, où s'agite le caprice des nuées, de clairs reflets argentés. Au tournant du ruisseau, un massif d'arbres dresse ses frondaisons touffues. Dans son ombre, on aperçoit un toit de chaume. Au fond, à droite, la lisière du bois.

Signé à gauche, en bas : *J. Dupré.*

Toile. Haut., 24 cent.; larg., 32 cent. 1/2.

FANTIN-LATOUR

12 — *La Mer.*

Parmi les roches qui émergent du flot tumultueux, une femme, déesse de la mer, apparaît en sa beauté nue. Du bras gauche elle se repose contre une roche. Son bras droit, le coude levé, se ploie derrière la tête aux longs cheveux blonds ondulés. La cuisse droite reçoit la caresse de l'eau ourlée d'écume blanche.

Signé à gauche, en bas : *Fantin.*

Toile. Haut., 38 cent. ; larg., 46 cent.

Exposition des Arts décoratifs de 1882 au Palais de l'Industrie.

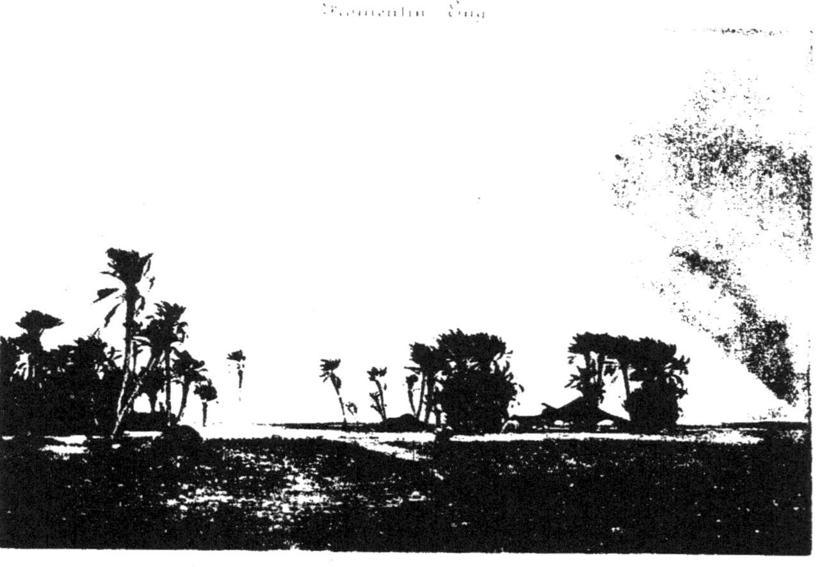

FROMENTIN

(EUGÈNE)

13 — *La Halte dans le désert.*

A l'ombre de quelques palmiers, dont la silhouette se dresse sous le soleil de flammes, on a déployé les tentes. A gauche, des chameaux sont couchés. Au milieu, un Arabe se hâte vers les tentes. Et, à perte de vue, le sable, le désert.

Signé à gauche, en bas : *Eug. Fromentin.*

Toile. Haut., 72 cent.; larg., 1 m. 07.

FROMENTIN

(EUGÈNE)

14 — *Rencontre de cavaliers arabes.*

Au fond du défilé, sous l'échancrure des roches qui se dessinent sur le ciel d'azur profond, les ennemis se sont rencontrés. L'un mord déjà la poussière sous son cheval renversé. Un autre essuie un coup de feu et son cheval blessé se cabre. Un troisième va frapper de son fusil, la crosse levée, un adversaire qui se trouve à sa droite. Dans la montagne, deux figures apparaissent.

Signé à droite, en bas : *Eug. Fromentin.*

Date : *1872.*

Toile. Haut., 1 m. 10; larg., 72 cent.

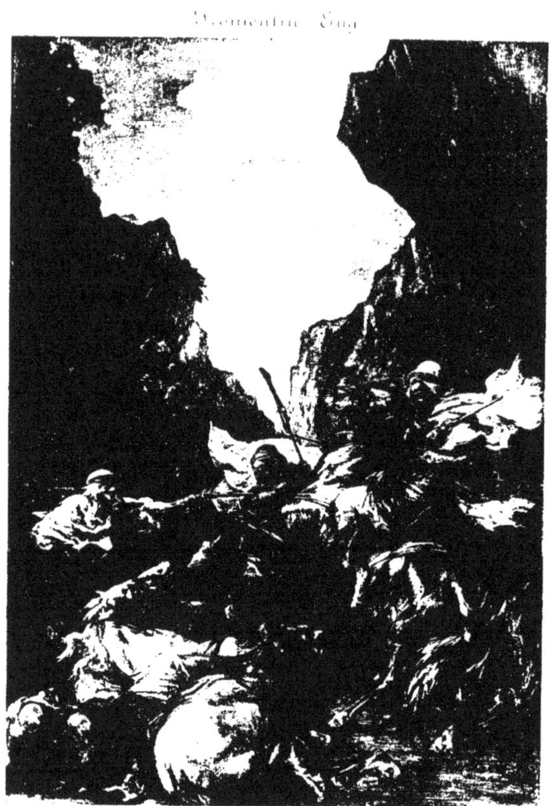

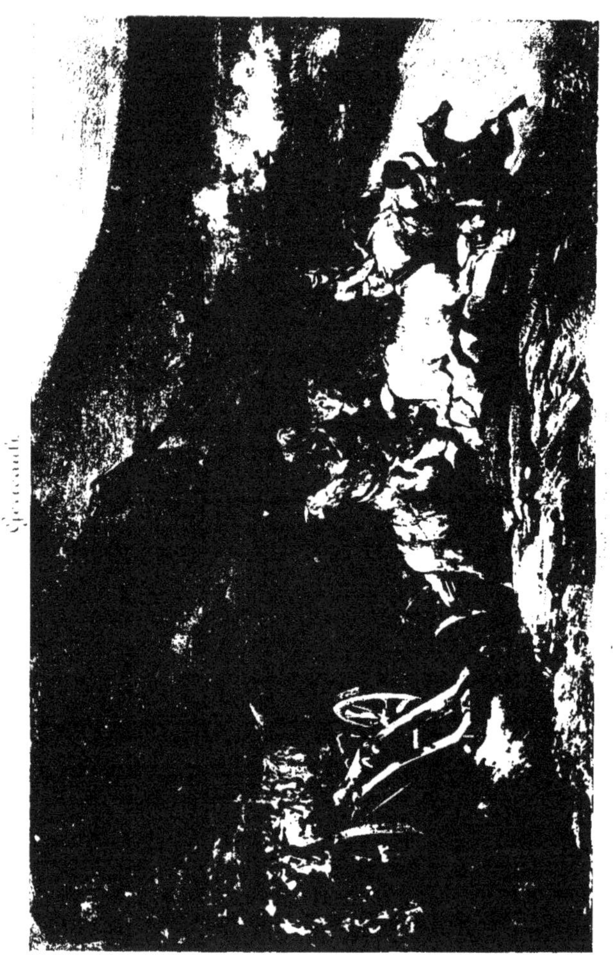

GÉRICAULT

15 — *La Charge d'artillerie.*

A droite, au fond, une batterie est en pleine action. Au premier plan, en dépit du sol mouvementé, des hommes au galop de quatre chevaux affolés traînent une pièce de canon. A gauche, au fond, d'autres cavaliers suivent la pièce.

Toile. Haut., 89 cent.; larg., 1 m. 44.

Exposition Centennale de l'Art français (1889).

GÉROME

16 — *Bethsabée.*

Le soleil se lève, mettant sur la ville, qu'on aperçoit au fond, de chaudes clartés d'or. Sur la terrasse du palais, Bethsabée nue, vue de dos, debout, passe une éponge sur son bras gauche. Ses cheveux roux sont noués au sommet de la tête. Sa silhouette élégante et sensuelle se dessine sous le ciel transparent. Devant elle, son esclave, vêtue de bleu, prépare dans une cuve l'ablution parfumée. Sur un escabeau à droite, les robes blanches et jaunes. A un balcon, à gauche, David, curieux, assiste à cette toilette de la femme aimée. Des fleurs s'épanouissent sur la terrasse.

Signé à gauche, en bas : *J.-L. Gérome.*

Toile. Haut., 61 cent.; larg., 1 metre.

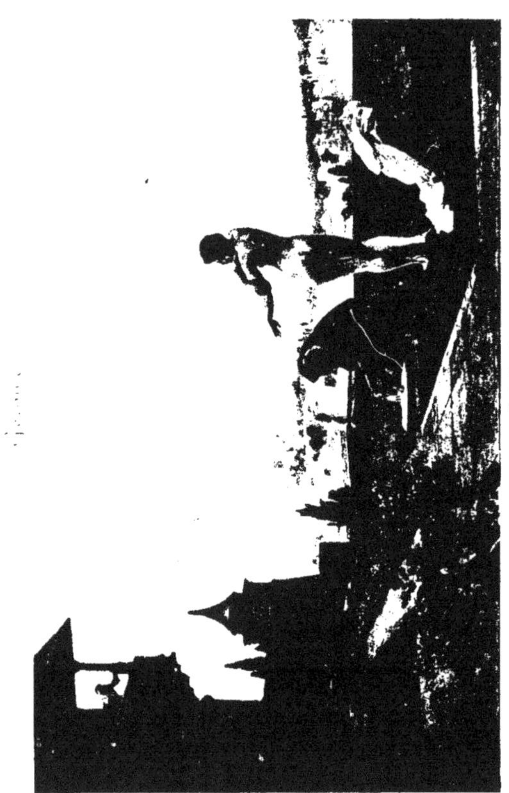

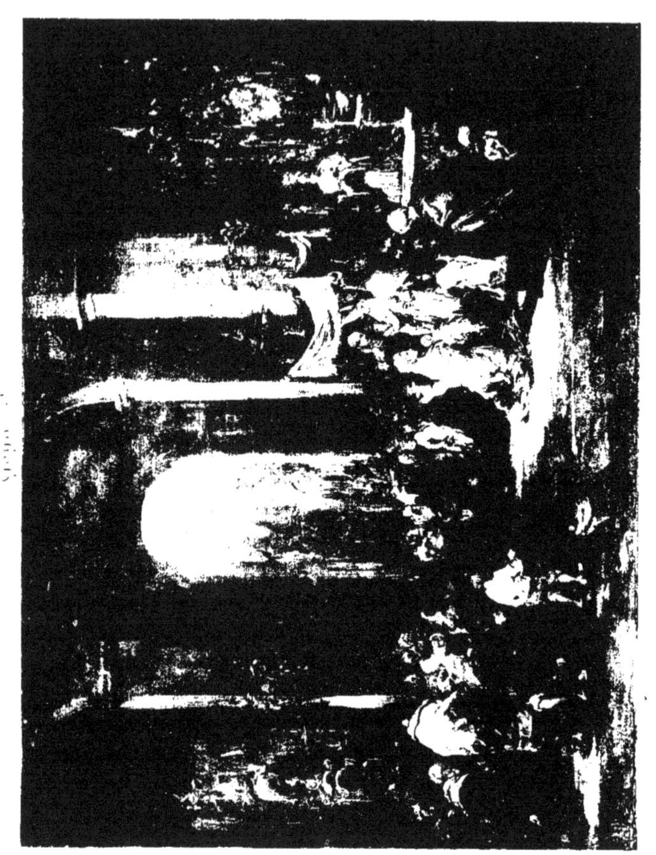

GOYA

(F.)

1746-1828

17 — *La Présentation du nouveau-né.*

Dans la cathédrale, devant la foule recueillie, une jeune femme, portant un nouveau-né, s'est agenouillée devant le maître-autel. L'archevêque, vêtu de la chape brodée d'or, coiffé de la mître, tenant sa crosse de la main gauche, dessine sur la tête de l'enfant un geste de bénédiction. Le prélat apparaît en pleine lumière sous un dais que portent des servants. Autour de la foule aux costumes parfois déguenillés, l'architecture de la cathédrale élève ses lignes majestueuses d'une incomparable richesse, et par les baies vitrées, le soleil attardé fait papillonner sur les ors et les marbres de chaudes lumières.

Toile. Haut., 80 cent. ; larg., 1 m. 05.

GUIGNET

(ADRIEN)

18 — *Le Roi des montagnes.*

Il est vu de profil, les deux mains appuyées à la hampe d'une lance. Sa culotte rouge est protégée par des cuissards d'acier poli. Il porte en sautoir une longue épée. Il a les pieds nus, chaussés de sandales retenues au jarret par des courroies. Il est vêtu d'une chemise blanche et coiffé d'un turban de même couleur, sur le côté duquel il a piqué une plume verte et une plume rouge.

Ce tableau a été gravé à l'eau-forte et lithographié dans les *Artistes contemporains*.

Panneau. Haut., 36 cent.; larg., 21 cent.

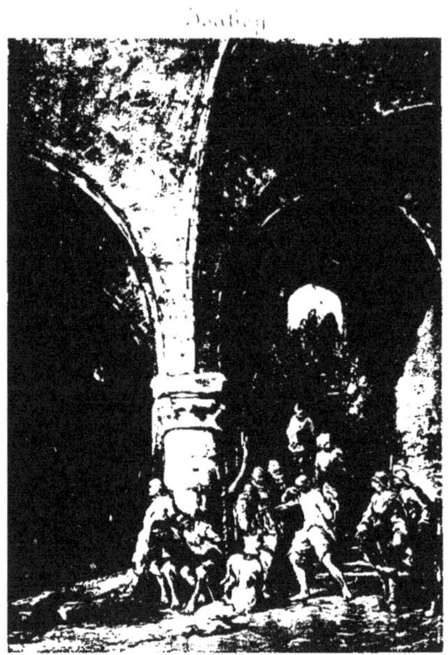

ISABEY

19 — *Les Prisonniers.*

Dans les caveaux aux voûtes élevées, portant sur des piliers bas, voici, au milieu d'une haie d'hommes d'armes, qu'on fait descendre les prisonniers enchaînés. Lamentables, à demi nus, ils vont retrouver d'autres compagnons de chaîne, assis sur la pierre contre le pilier, ou debout, ou bien encore apparus dans l'ombre d'un caveau.

Signé à gauche, en bas : *E. Isabey, 72.*

Panneau. Haut., 54 cent.; larg., 39 cent.

MADOU

20 — *Discussion politique.*

Dans un coin d'auberge, deux hommes discutent d'affaires politiques. L'un, vieillard à cheveux blancs, vêtu d'une houppelande grise, d'une culotte foncée, d'un gilet de velours marron et chaussé de bottes à revers, tient de la main droite les feuillets d'un grimoire dont il désigne le contenu de son index gauche. Devant lui, assis sur un coin de table où l'on aperçoit deux verres vides et une bouteille, un homme l'écoute, en habit vert, gilet rayé rose, culotte jaune, bas blancs et souliers noirs. Son visage anxieux et attentif apparaît sous le chapeau de feutre incliné sur la tempe gauche. Au fond, assis au coin de l'âtre, l'aubergiste s'occupe à sa besogne ménagère : son jupon bleu apparaît sous sa robe brune relevée ; un fichu blanc est noué en pointe sur son caraco rouge ; ses cheveux noirs sont enserrés dans un bonnet blanc.

Signé à gauche, en bas : *1871*.

Au dos, on lit cette attestation : « Le soussigné, expert en tableaux, déclare garantir l'authenticité du tableau ci-contre, peint sur bois par J.-B. Madou en 1871, représentant *les Deux politiques*. — Bruxelles, le 8 mai 1890. »

Panneau. Haut., 50 cent. ; larg., 37 cent. 1/2

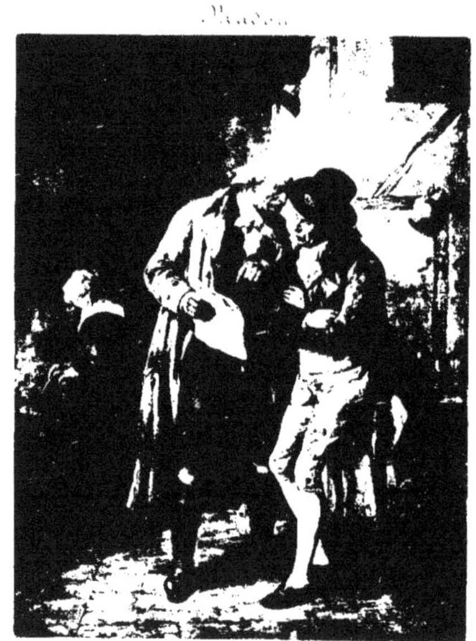

REGNAULT

(HENRI)

21 — *Tête de nègre.*

Il est vu, la tête de face, les cheveux noirs débordant d'un madras blanc et d'une étoffe jaune tombant sur les épaules. La barbe est courte, ainsi que les moustaches ; les yeux ont le regard baissé : la tête se détache sur un fond blanchâtre.

Signé à droite, en bas : *H. R.* avec cette dédicace : « *A mon ami Layraud.* » Au dos, le cachet de la galerie Sedelmeyer.

Toile. Haut., 47 cent.; larg., 39 cent.

ROYBET

22 — *Gentilhomme examinant un ciboire.*

Dans un intérieur aux rideaux de velours brodé, dont un pan est relevé et laisse apercevoir une fenêtre à vitraux en losange, un gentilhomme se tient debout, de profil à droite. Il est vêtu d'un pourpoint à basques blanc, masqué sur le ventre par une ceinture vert éteint, d'une culotte de velours violacé, de bottes à houzeaux de peau grise ; des éperons d'or apparaissent au-dessus de son talon. De la main droite, le bras ployé, il appuie contre sa hanche les larges bords de son feutre gris à ruban blanc, et il examine un ciboire d'orfèvrerie qu'il porte de la main gauche. Près de lui, sur une table couverte d'un tapis gris à larges rinceaux brodés, on aperçoit une coupe de métal, un casque et un petit coffret de mariage. A gauche, une chaise à haut dossier garnie de velours rouge à clous d'or.

Signé à gauche, en bas : *F. Roybet.*

Panneau. Haut., 65 cent. 1/2 ; larg., 42 cent.

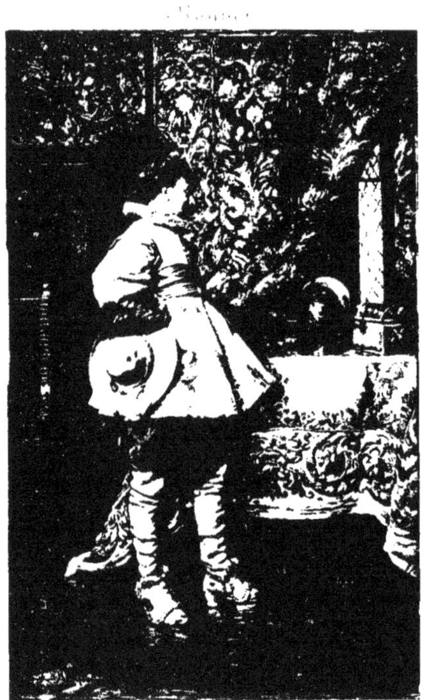

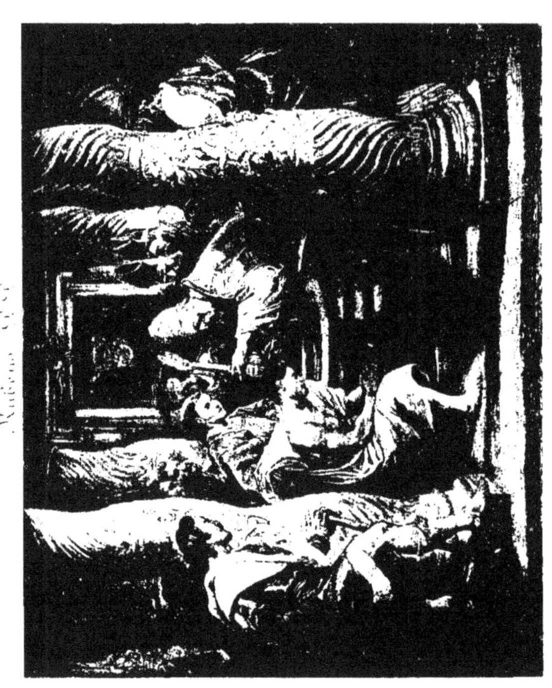

RUBENS

(P.-P.)

23 — *Le Baptême de Constantin.*

Entre les colonnes torses qui portent l'édifice, la cuve baptismale est placée. Agenouillé près d'elle, Constantin, à demi nu, reçoit le baptême de la main du pape portant la chape d'or. Celui-ci est assisté d'évêques et de cardinaux. Derrière Constantin, un diacre en dalmatique soulève l'étoffe blanche et découvre l'épaule du catéchumène.

A gauche, près d'une colonne, assistant au baptême, un gentilhomme en habit vert, jambes nues, la rapière à la ceinture, se montre attentif et recueilli. Un groupe de figures apparait entre les colonnes du même côté. Au fond, de l'autre côté d'une lampe de suspension, une porte ouverte.

Au dos, le cachet de la galerie Sedelmeyer.

Gravé et décrit dans la galerie du Palais-Royal avec la note suivante : « Cette esquisse est d'une vigueur de coloris et d'une exécution admirables. »

Panneau. Haut., 45 cent. 1/2 ; larg., 57 cent. 1/2.

STEVENS

(ALFRED)

24 — *Mélancolie.*

Devant la fenêtre ouverte, debout, de profil à gauche, une jeune femme aux cheveux blonds regarde droit devant elle le parc plein de fleurs et de chansons. Elle est vêtue d'un costume de soie couleur havane, et de ses deux mains croisées elle tient une rose. La natte de ses cheveux tombant sur le dos se termine par un nœud de ruban noir. Les murs portent un décor japonais.

Signé à droite, en bas : *Alf. Stevens, 76.*

Panneau. Haut., 77 cent. ; larg., 55 cent.

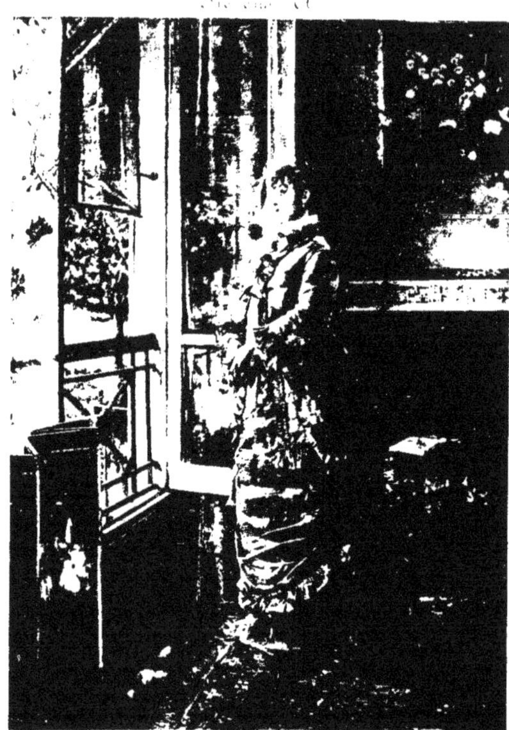

STEVENS

(JOSEPH)

25 — *Discussion orageuse.*

Sur le dossier d'un fauteuil Louis XIII garni de velours rouge à clous d'or, un singe se tient en équilibre, le haut du corps penché en avant, la tête furieuse. Devant lui, debout sur ses pattes de derrière, les pattes de devant appuyées sur le siège, un chien tient tête à l'orage. Un plaid est jeté négligemment sur le dossier du fauteuil. Sur le parquet, une canne, un chapeau d'homme haut de forme et un gant blanc. A droite, au fond, sur un coin de table couverte d'une nappe blanche, une théière et une tasse en porcelaine de Chine et le tuyau d'un chibouck.

Signé à gauche, en bas : *J. Stevens.*

Panneau. Haut., 25 cent.; larg., 18 cent. 1/2.

TÉNIERS

(DAVID)

1610-1690

26 — *Devant l'auberge.*

Les trois buveurs se sont arrêtés pour fumer et boire. L'un, vêtu de bleu passé, est assis sur une chaise et tient de la main droite une chope de grès. Il tourne de face sa tête coiffée d'un chapeau vert à plume rouge. Il s'appuie du coude gauche contre un tonneau qui leur sert de table. Près de lui, son compagnon, assis également, est en train d'allumer sa pipe. De l'autre côté du tonneau, vers la droite, un troisième personnage, vu de profil, se tient debout : la jambe gauche ployée, le pied portant sur un billot de bois. Il est vêtu d'une culotte bleue et d'une chemise blanche qui reçoit vivement la lumière.

A droite, au fond, par la porte ouverte, on aperçoit l'aubergiste qui rentre dans sa taverne ; elle est vêtue d'une jupe bleu foncé en partie relevée, d'un tablier blanc, noué à la ceinture sur son corsage rouge. Au premier plan, à gauche, une cruche de grès et un balai. Au fond, une barrière de bois aux ais disjoints.

Signé à droite, en bas, du monogramme : *D. T.*

Toile. Haut., 57 cent.; larg., 68 cent.

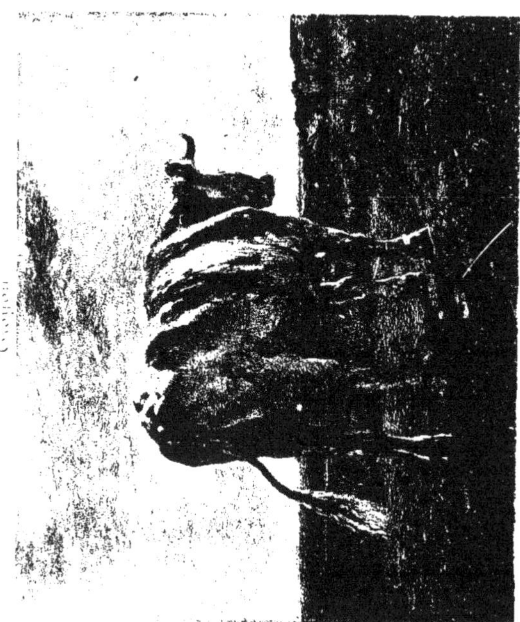

TROYON

27 — *Le Bœuf blanc.*

Dans la plaine, que le soleil du matin caresse de rayons blonds, sous le ciel d'azur tout illuminé, le ruminant aux formes robustes apparaît de trois quarts à droite et de dos. Il marche allègrement dans la gaieté d'une belle matinée d'été. Son pelage blanc marqué de larges taches rousses s'éclaire de soleil.

Signé à droite, en bas, du timbre de la vente.

Toile. Haut., 46 cent. ; larg., 57 cent.

Exposition Centennale de l'Art français (1889).
Collection Coquelin.

VERWÉE

(ALFRED)

28 — *Vaches se baignant dans un canal.*

Dans l'eau jusqu'au jarret, elles sont vues de profil à gauche, l'une noire, l'autre blanche, la troisième isabelle. Au fond, à gauche, deux sloops de pêche aux voiles déployées. Dans le ciel bleu, chargé de nuages lumineux, passe un vol d'oiseaux aquatiques.

Signé à gauche, en bas : *Alfred Verwée.*

Toile. Haut., 82 cent. ; larg., 1 m. 07.

VIBERT

(J.-G.)

29 — *La Neige dans la montagne.*

Le sol est ouaté de neige. Le sentier qui serpente au flanc de la montagne garde la trace profonde des roues des lourds tardiers. Au fond, un homme encapuchonné conduit deux chevaux. Des arbres aux branches dépouillées de feuillage se dressent sous le ciel obscurci. A droite, on aperçoit d'autres arbres dans la vallée.

Signé à gauche, en bas : *J.-G. Vibert.*

Panneau. Haut., 19 cent. ; larg., 24 cent.

WILLEMS

30 — *La Pavane.*

Sous une couronne de fleurs suspendue au plafond, et parmi les fleurs qui jonchent le parquet, un jeune gentilhomme donne la main à une jeune femme pour la pavane. Lui est vêtu de rouge, elle de gris et de rose. A droite, trois musiciens. L'un joue de la basse de viole, l'autre du violon, le troisième de la viole. A gauche, un groupe de gentilshommes ou de dames assis ou debout.

Signé à droite, en bas : *Florent Willems.*

Panneau. Haut., 1 m. 12 ; larg., 81 cent.

ZIEM

31 — *Le Retour des pêcheurs sur le Grand Canal, à Venise.*

A droite, le trabacco, bateau de pêche, vient d'être abordé par un topo-pêcheur, et les hommes s'emploient à décharger la pêche de l'un dans l'autre. A gauche, une gondole se hâte vers le quai. Au fond, le palais des Doges s'illumine de soleil radieux, dominé par le Campanile et les dômes de Saint-Marc. Au fond, vers la gauche, le palais de la Douane, l'église du Saint-Esprit et la ville Le ciel bleu met des reflets d'émeraude et de lapis-lazuli à la surface de l'eau.

Signé à gauche, en bas : *Ziem*.

Toile. Haut., 56 cent. ; larg., 85 cent.

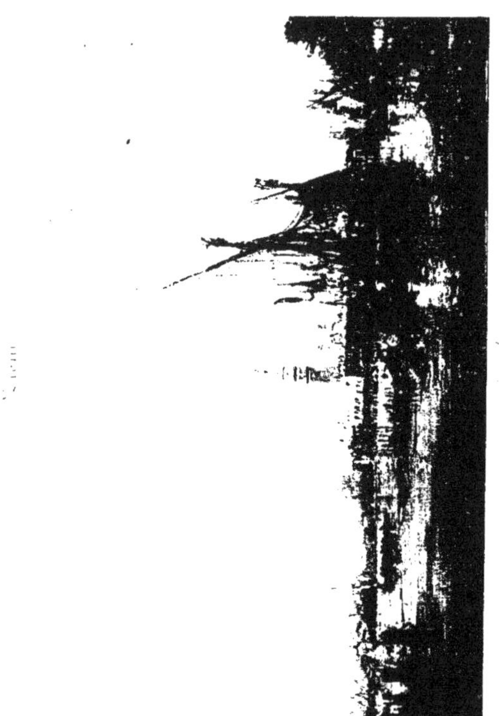

Collection de Feu M. EUGÈNE LYON, de Bruxelles

TABLEAUX

MODERNES ET ANCIENS

VENTE GALERIE GEORGES PETIT

8, RUE DE SÈZE, 8

Le Jeudi 7 Mai 1903, à 3 heures

COMMISSAIRE-PRISEUR

M PAUL CHEVALLIER, 10, rue Grange-Batelière

EXPERTS

MM. TEDESCO Frères
33, avenue de l'Opéra, 33

M. JULES FÉRAL
7, Faubourg Montmartre, 7

EXPOSITIONS

Particulière : Le Mardi 5 Mai 1903, de 1 heure à 6 heures.
Publique : Le Mercredi 6 Mai 1903, de 1 heure à 6 heures.

Résumé du Catalogue

1 BOUDIN. Le Chenal de Trouville.

2 CLAYS (P.-J.). Lever de lune sur la mer.

3 CONSTABLE (J.). The Road to Dedham.

4 COROT. Paysan à cheval dans la campagne.

5 — COURBET (G.). L'Hiver.

6 — DAUBIGNY. Les Bords de la Tamise, soleil couchant.

7 — DAUBIGNY. Marée montante.

8 DELACROIX (Eugène). Les Bords du fleuve Sebou.

9 — DIAZ. Portrait de femme.

10 — DIAZ. La Nymphe et l'Amour.

11 — DUPRÉ (J.). Le Ruisseau.

12 — FANTIN-LATOUR. La Mer.

13 — FROMENTIN (Eugène). La Halte dans le désert.

14 — FROMENTIN (Eugène). Rencontre de cavaliers arabes

15 — GÉRICAULT. La Charge d'artillerie.

16 — GÉRÔME. Bethsabée.

17 — GOYA (F.). La Présentation du nouveau-né.

18 — GUIGNET (Adrien). Le Roi des montagnes.

19 — ISABEY. Les Prisonniers.

20 — MADOU. Discussion politique.

21 — REGNAULT (Henri). Tête de nègre.

22 — ROYBET. Gentilhomme examinant un ciboire.

23 — RUBENS (P.-P.). Le Baptême de Constantin.

24 — STEVENS (Alfred). Mélancolie.

25 — STEVENS (Joseph). Discussion orageuse.

26 — TENIERS (David). Devant l'auberge.

27 — TROYON. Le Bœuf blanc.

28 — VERWÉE (Alfred). Vaches se baignant dans un canal

29 — VIBERT (J.-G.). La Neige dans la montagne.

30 — WILLEMS. La Pavane.

31 — ZIEM. Le Retour des pêcheurs sur le Grand Canal, à Venise.

Paris. — Imp. Georges Petit — [illegible]

www.ingramcontent.com/pod-product-compliance
Ingram Content Group UK Ltd.
Pitfield, Milton Keynes, MK11 3LW, UK
UKHW021124260726
13994UKWH00002B/979

9 782329 500355